Chronik eines
Blindenführers

Tägliche Gedanken aus den Lebenserfahrungen

Bill Wilsons

Teil 1

Willst du eine Antwort
für die städtische Jugend sein,
dann kontaktiere:

Metro Ministries International
P.O.Box 370695
Brooklyn, NY 11237-0695
Telefon: 001 718 453 3352 Fax: 001 718 453 7177
Website: www.metroministries.com
eMail: MetroSSNY@aol.com
oder
Metro Ministries Deutschland e.V.
Tel. +49 (0)231 311612

Chronik eines Blindenführers

von Bill Wilson

Herausgeber:
Metro Ministries International
P.O.Box 370695
Brooklyn, NY 11237-0695
www.metroministries.com

Wo nicht anders vermerkt, sind die Bibelzitate aus der Luther Bibel 1984

ISBN 3-938413-01-1

Druck:
Scholz Druck, Dortmund

Da du, Herr, diesen Blindenführer angestellt hast sie zu führen, so denn um ihretwillen, Herr, nicht um meinetwillen; lehre ihn, den du ihnen zum Lehrer gemacht hast; führe ihn, den du ihnen zum Führer gemacht hast; herrsche über ihn, den du ihnen zum Herrscher gemacht hast.

Aelred von Rievaulx, 1109-1167.

Kannst du dir vorstellen, wie es Aelred von Rievaulx ergangen sein muss, als er diese Worte vor mehr als neunhundert Jahren niedergeschrieben hat? Zwischen den Zeilen lese ich, wie er vor sich hinsagt: "Wenn ich ein Führer sein soll, Gott, dann brauche ich wirklich deine Hilfe."

Bedenke dies: Blind gehen wir in jeden Tag - auch heute. Jeder Tag verbirgt erneut Unbekanntes. Und lass dich nicht zum Narren halten. Niemand außer Gott weiß, was als nächstes passiert - besonders bei meinem Leben.

In den vergangenen zwanzig Jahren, die ich in New York gelebt habe, entdeckte ich, wie es ist, wenn man heraustritt und täglich auf das Unbekannte trifft. Dabei empfand ich mich nicht nur wie blind, sondern ich musste auch noch anderen den Weg zeigen. Darum entschloss ich mich, diese täglichen Motivationstexte *Chronik eines Blindenführers* zu nennen.

Ich bin rund um die Welt gereist und habe viel gesehen - mehr als du erahnst und ich mir merken kann. Dennoch habe ich praktische und biblische Prinzipien für Leiterschaft und das tägliche Leben erkannt, die gerade im Dunkeln sehen lassen.

Wenn du diesen Weg mit mir gehst, wirst du lernen, dass man selbst in der Dunkelheit wissen kann, wo die Hindernisse liegen. Gemeinsam werden wir entdecken, wie wir unseren Glauben an Gott vertiefen und leben können.

Danke, dass du mit gehst.

Zusammen mit Gott, werden wir unseren Weg finden.

Tag 1

Das Problem ist real – die Lösung liegt in meiner Haltung.

Obwohl die blauen Flecken des letzten Übergriffs noch zu sehen waren, wurde das kleine Mädchen vom Richter zu seinen Eltern zurückgeschickt. Diese nahmen es wieder auf, doch der Missbrauch ging weiter. Ihre Mutter hielt es fest während ihr Vater...
Ein paar Tage später war das Mädchen tot.
Manchmal ist es schwer, in dieser Stadt die Gegenwart Gottes wahrzunehmen. Er ist da, auch wenn die Grausamkeit der Straße ihn zu verbergen scheint. Es passiert so vieles – Gewalt und Probleme breiten sich wie eine Krankheit aus. Konflikte eskalieren, geraten über Nacht außer Kontrolle und dann ist es oft zu spät.
Diese Stadt spiegelt mein Leben wieder. Es vergeht so schnell, ist beladen mit so vielen Problemen und gerät außer Kontrolle. Wenn alles über mich hereinbricht, frage ich mich: "Ist das Leben jetzt nicht viel zu kompliziert?"
Lass mich dir eines sagen: Es liegt in deiner Hand! Womöglich fühlst du dich gerade wie der Bettler an der Straßenecke, die Probleme kleben geradezu an dir. Du kannst entweder aufgeben und dich von den Problemen besiegen lassen oder du kannst dagegen aufstehen und gewinnen. Wenn du immer nur das Problem vor Augen hast, wirst du die Lösung nicht sehen, die du brauchst um diesen Tag zu meistern. Überdenke deine Haltung. Wenn du einen Ausweg finden willst, verändere dein Denken. Konzentriere dich auf eine positive, gesunde und die Gegenwart Gottes suchende Haltung.
Gott ist nicht in den Nöten der Stadt untergegangen und er versteckt sich auch nicht vor dir. Er wartet darauf, dass du ihn zum Fundament deiner Einstellungen machst. Gehe an seiner Seite, und lass nicht zu, dass die Probleme dich erdrücken.

"Ein jeder sei gesinnt, wie Jesus Christus auch war."
Phil.2.5

Tag 2

Mein Leben ist das größte Geschenk.

Ein Freund von mir hat sich mit einem Messer das Leben genommen. Er war Pastor, Familienvater und ein guter Freund. Eines Nachts kam er von einer Besprechung nach Hause und fand eine Nachricht von seiner Frau auf dem Küchentisch - sie hatte ihn verlassen. Minuten später beging er Selbstmord.

Was treibt jemanden in den Selbstmord? Es schien wohl der einzige Ausweg zu sein.

Was hätte ich tun können? Hätte ich es geahnt, ich hätte alles getan, um sein Leben zu retten.

Was hättest du getan?

Vielleicht kennst du jemanden, der gerade mit dem Gedanken spielt, sich das Leben zu nehmen. Dieser Gedanke liegt vielen Menschen näher als wir uns vorstellen können. Oft erkennt man es an ihrer Einstellung zu sich selbst und zu anderen Menschen. Es ist nur eine Frage der Zeit, bis sie sich selbst zugrunde richten (Drogen, Alkohol, Missbrauch).

Was kann man dagegen tun?

Mit guten Ratschlägen erreicht man für gewöhnlich nicht viel, denn sie sind nicht mehr als leere Worte, heiße Luft. Wenn du jemandem wirklich helfen möchtest, dann tue mehr als nur zu reden. Höre zu und begleite. Versichere ihnen, dass du da bist, wenn sie vom Abgrund zurücktreten. Vergiss nicht, auf sie zuzugehen. Es ist nicht einfach, aber wenn jemand entmutigt, einsam und voller Angst ist, musst du alles einsetzen – oder du verlierst ihn.

Ein Leben zu retten, kann bedeuten, sein eigenes aufzugeben. Wird es heute sein?

"Niemand hat größere Liebe als die, dass er sein Leben lässt für seine Freunde."
Joh. 15.13

Tag 3

Die Entscheidung liegt immer bei mir - Ich bin entweder ein Teil des Problems oder ein Teil der Lösung.

Überall wo ich hingehe sehe ich, wie Menschen sich gegenseitig Schreckliches antun.
Ob in Europa, Asien, Süd Amerika, Afrika oder in den USA – überall ist es das Gleiche. In jedem Augenblick eines Tages, in jeder Stadt und jedem Land, sogar jetzt während du dies liest, gibt es irgend einen Idioten , dessen Tag nicht ausgefüllt scheint, ohne jemanden verletzt zu haben. "Wie können solche furchtbaren Dinge passieren?" fragen wir uns, wenn wir die Nachrichten im Fernsehen anschauen.
Und dann folgt auch gleich die nächste Frage. Es ist dieselbe Frage, die sich so viele Menschen stellten, nachdem 6 Millionen Juden im Holocaust starben: "Wo war Gott?"
Doch dies ist die falsche Frage! Die Verantwortung liegt bei uns.
Wir sind entweder Teil des Problems oder der Lösung. Es gibt nichts dazwischen und es ist unsere Entscheidung, welche Seite wir wählen.
Am Rande können wir nicht stehen bleiben.
Du hast nun die Möglichkeit, eine Grenze auf dem Boden zu ziehen und zu sagen: Genug!
Ich werde nicht mehr tatenlos zusehen, wie sich diese Seuche weiter ausbreitet.
Ich werde Teil des Heilungsprozesses werden.
Du hast Gottes Kraft an deiner Seite, wenn du dich entscheidest aktiv zu werden.
Von nun an solltest du fragen "Wo war ich?" anstatt "Wo war Gott?".

"Die Heiden sollen sich aufmachen und heraufkommen zum Tal Joschafat; denn dort will ich sitzen und richten alle Heiden ringsum. Greift zur Sichel, denn die Ernte ist reif! Kommt und tretet, denn die Kelter ist voll, die Kufen laufen über, denn ihre Bosheit ist groß! Es werden Scharen über Scharen von Menschen sein im Tal der Entscheidung; denn des HERRN Tag ist nahe im Tal der Entscheidung."
Joel 4.12-14

Tag 4

Sehen, sich festlegen, handeln!

In der heißen, schwülen Sommerluft schwitzend wusste er, dass jeder nur auf ihn wartete. Die Zeit war knapp. Hinter den verschlossenen Türen seiner kleinen Kammer in einem alten Haus in Philadelphia saß Thomas Jefferson und schrieb. Seit Tagen schon versuchte er wieder und wieder diese Idee auf Papier zu bringen – eine Idee, die die Welt verändern würde. Thomas Jefferson hatte eine Vision, wie die Vereinigten Staaten sein könnten. Er sah es vor seinem geistigen Auge, aber er wusste auch, dass eine Vision allein nicht ausreichte. Er war sich bewusst, dass dieses Land ohne Hingabe und Taten nicht existieren und überdauern würde.

Unsere Vorväter ratifizierten mit ihrer Unterschrift die Unabhängigkeitserklärung. Sie gaben sich dieser Vision hin und lebten für eine Idee, die die Welt verändern würde – aber das war erst der Anfang.

Nachdem sie diese Vision für ein Amerika sahen und sich darauf festlegten, mussten sie auch handeln, um sie zu verwirklichen. Diese drei Dinge sind immer wieder nötig: sehen, sich festlegen, handeln. Jahre später, nach vielen Kämpfen und menschlichen Verlusten, wurde die Idee Amerika zur Realität. In meinem Leben hätte ich wenig erreicht ohne diesen drei Prinzipien zu folgen: sehen, sich festlegen und handeln. Wenn du eine Idee oder einen Traum hast, beginnt es mit einem Bild in deinen Gedanken. Es nimmt dich gefangen und du kannst dich nicht mehr davon lösen. Aber eine Vision zu haben ist nicht ausreichend, du musst sie auch umsetzen. Lass dich von deiner Idee ergreifen und dann gib dich selbst mit deiner Vision Gott hin. Diese Hingabe wird deine Vision verwirklichen.

"Befiehl dem HERRN deine Werke, so wird dein Vorhaben gelingen."
Spr. 16.3

Tag 5

Wenn ich dran bleibe, kann ich nicht scheitern.

"Hast du jemals richtig versagt?" fragte mich jemand. "Ich meine, wurdest Du jemals so richtig besiegt?" Ich hatte diesen Mann gerade erst kennen gelernt und schon stellte er mir diese Frage.

Ich hielt einen Moment inne und reflektierte in meinen Gedanken über all die Jahre, die ich in Brooklyn im vollzeitlichen Dienst gearbeitet habe. Ich dachte an Freunde und Kinder, die starben; ich dachte an Tage, an denen ich Hunger litt und ich es mir nicht leisten konnte, etwas zu essen zu kaufen; ich dachte an Nächte, in denen wir frierend neben Ratten in unserem altem Lagerhaus schliefen; ich dachte an Tage, an denen wir kein Benzin für unsere Sonntagsschulbusse hatten und ich dachte an Menschen, die mir sagten, dass ich hier niemals überleben könnte.

Mir wurde etwas bewusst: der Unterschied zwischen Gewinnen und Verlieren ist sehr einfach: Meistens heißt Gewinnen einfach nicht aufzugeben - und das ist nicht schwer zu verstehen.

Mit Tränen in den Augen blickte ich den Mann vor mir an. "Nein" sagte ich , "dass ich noch hier bin zeigt, dass ich nicht besiegt wurde. Wenn ich gehen würde, hätte ich verloren." Er verstand mich. Wenn du weißt, dass du da bist, wo du sein sollst, wenn du genau da bist, wo Gott dich haben und gebrauchen möchte, dann bleibe dort. Willst du gewinnen, dann bleibe dran! Der Erfolg gehört dir schon. Und du wirst immer Erfolg haben, wenn du mit Gottes Kraft dort bleibst, wo er dich haben möchte.

Wenn du heute an dem Platz bist, an dem Gott dich haben möchte, bleibe dort. Gib nicht auf. Bleibe und du wirst den Sieg haben. Lebe so von einem Tag zum andern, bis zum Ende der Woche, des Monats, des Jahres – so wirst du gewinnen.

In einigen Jahren werde ich immer noch hier in Brooklyn sein, ich werde nicht aufgeben. Wo wirst du sein?

"Deshalb ergreift die Waffenrüstung Gottes, damit ihr an dem bösen Tag Widerstand leisten und alles überwinden und das Feld behalten könnt."

Eph. 6.13

Tag 6

Wo keine Anteilnahme ist, ist auch keine Hingabe.

Einige der Leute, die bei uns in New York mit Bussen Kinder für das Sonntagsschulprogramm abholen, sind vor einigen Jahren selbst einmal zur Sonntagsschule gegangen. Sie waren die Kinder, die wir damals von der Straße aufsammelten. Ihr Leben hat sich total verändert. Und nun sind sie diejenigen, die das Leben anderer beeinflussen. Ein Großteil ihres Lebens haben sie in dieser Organisation mit Kindern verbracht. Sie sind hingegeben.

Der Grad der Hingabe, den ich in diesen jungen Menschen sehe, ist einzigartig in der heutigen Gesellschaft. Sie sind die verbindlichsten und aufopferndsten Mitarbeiter, die ich jemals kennen gelernt habe. Und sie tun alles, um diese Arbeit möglich zu machen – egal wie schwierig es ist.

Warum sich einer Sache von ganzem Herzen verschreiben? Wie kann unsere Hingabe einen Unterschied machen? Wenn du wirklich einen Unterschied machen möchtest, musst du investieren.

Sich hinzugeben bedeutet, ein Teil von etwas zu werden.

Du wirst niemals wirklich von einer Sache ergriffen sein, wenn du nicht zulässt, dass sie ein Teil deines Lebens wird. Wenn eine Beziehung, deine Karriere oder deine Vision zu einem Teil von dir wird, dann wird dein Hingabe wachsen.

Arbeitest du mit einer Gruppe von Freiwilligen? Hast du jemals versucht, sie für eine Sache zu begeistern, zu der sie keinerlei Bezug haben? Es ist sehr schwierig, wenn nicht gar unmöglich, jemanden für eine Sache zu motivieren, von der er nicht selbst ergriffen ist. Du brauchst es gar nicht erst zu versuchen.

Das Leben in einer Gemeinde ist vergleichbar mit unserem Leben hier. Wenn wir uns nicht auf Gott einlassen, werden wir uns ihm nicht hingeben können. Immer wenn ich Gemeinden sehe, die Gott nicht genug Raum geben, sich nicht auf Gott einlassen, bemerke ich, dass auch die Hingabe für die Sache Gottes fehlt.

Wofür begeisterst du dich? Ob positiv oder negativ, dem wirst du dich auch hingeben.

"Bringe uns, HERR, zu dir zurück, dass wir wieder heimkommen; erneure unsre Tage wie vor alters!"
Klagel. 5.21

Tag 7

Gebet kann deine Seele jetzt verändern.

Während ich über die Brücke von einer Insel zur anderen fuhr, fiel mir ein alter Mann auf, der ein Fischernetz auswarf. Das kann man sehr häufig in South Carolina beobachten. Er war auf der Suche nach Krabben. Durch Gewichte auf den Meeresboden gezogen, sah das Netz unter Wasser aus wie ein geöffneter Fallschirm. Von meinem Auto aus beobachtete ich, wie er das Netz nochmals auswarf, um genug Krabben für das Abendessen zu fangen. Manchmal zieht er aber auch nur Müll raus – Flaschen, Autofelgen, Schuhe und tote Fische. Das kann sogar sein einziger Fang sein.

Oft, wenn du dein Netz auswirfst, hoffst du auf einen großen Fang. Trotzdem fängst du nicht immer viel oder du fängst sogar etwas, das du dir nie hättest träumen lassen. Als ich den alten Mann beobachtete, fiel mir eine Verbindung zum Gebet auf. Wir benutzen Gebet wie ein Fischernetz. Wir werfen es aus, in der Hoffnung etwas zurück zu bekommen.

Im Gebet geschieht etwas, das du vielleicht nicht wahrnimmst. Gebet verändert dich. Immer wenn du betest, passiert etwas, das deine Seele zum besseren verändert. Es verändert dich sofort und anhaltend. Du kannst es nicht verhindern. Jedes Mal wenn du betest, wird dein ganzes Leben ein wenig verändert. Das geschieht, weil du dich der Quelle von Veränderung und Wachstum näherst – du strahlst ein bisschen mehr. Während des Betens wird dir außerdem die Notwendigkeit des Gebets bewusst.

Gebet ist das einzige "Fischen", das dir einen Fang garantiert. Fang an – wirf dein Netz jetzt aus!

"Und alles, was ihr bittet im Gebet, wenn ihr glaubt, so werdet ihr's empfangen."
Matth. 21.22

Tag 8

Mein Einfluss hat unsichtbare Auswirkungen.

Eine Frau und ihre Kinder kämpfen um ihr Überleben. Familien wie diese waren in der wohlhabenden Gegend um Palm Dessert in Kalifornien nicht gern gesehen. Doch genau dort stand die Mutter mit ihren Kindern an der roten Ampel. Ich beobachtete, wie sie mit ihren drei kleinen Kindern langsam die Straße entlang lief. Es war offensichtlich, dass diese Familie in großer Not war – und Hunger litt.

Plötzlich blieb die Frau vor einer hohen Mauer stehen, die die Wohnsiedlung umgab. Ich folgte ihrem Blick, während sie aufsah, und ich bemerkte, weshalb sie dort stehen blieb. Ihre nächste Handlung lehrte mich etwas: Sie hob das kleinste der Kinder hoch, damit es eine der süßen, reifen Orangen pflücken konnte, die an einem über die Mauer ragenden Ast hing. Es schien, als ob der Baum seine Zweige nur ausstreckte, um der Frau zu helfen.

Kannst du das auf dein Leben übertragen? Kannst du deine Zweige – deine Liebe, deine Freundlichkeit, deine Gebete – so ausstrecken, dass du andere Menschen damit erreichst. Du musst ja nicht den ganzen Baum außerhalb der Mauer pflanzen, nur einen Ast.

Eine Tat der Liebe ist eine göttliche Tat, sie hat Ewigkeitswert. Ich bin von ganzem Herzen davon überzeugt, dass jede freundliche Handlung, jede liebevolle Geste einen unbegrenzten Einfluss hat. Egal, ob groß oder klein, ihre Auswirkungen sind unbegrenzt. Alles, was du aus Liebe tust, wird weite Kreise ziehen wie ein Stein, der ins Wasser fällt.

Für dich mag es nur ein unscheinbarer Akt der Liebe sein, du wirst vielleicht auch niemals die Auswirkungen sehen, doch eines musst du wissen: jede Tat der Liebe hat einen ewigen Wert.

Wie weit lässt du deine Zweige reichen?

"Zu der Zeit wird, was der HERR sprießen lässt, lieb und wert sein und die Frucht des Landes herrlich und schön bei denen, die erhalten bleiben in Israel."

Jes. 4.2

Tag 9

Heute ist der wichtigste Tag meines Lebens.

Vor langer Zeit lernte ich damit aufzuhören, mich um die Ereignisse von gestern mühevolle Gedanken zu machen. Geschehen ist geschehen und sich darüber Gedanken zu machen verändert weder das Vergangene, noch hilft es in der Gegenwart. Vergiss was gestern war. Du kannst nur auf das Heute einwirken.
Und dann habe ich gelernt aufzuhören, mir über morgen Sorgen zu machen. Du kannst einfach nicht wissen, was da auf dich zukommt und es kommt sowieso nie so, wie du es erwartest. Du kannst es weder vorhersehen noch voraussagen. Warum also deine Zeit damit verschwenden? Du kannst nur auf das Heute einwirken.

Bedenke folgende Fragen:
Welches ist der beste Zeitpunkt, um meine Familie mehr zu lieben?
Welches ist der beste Zeitpunkt, meinen Feinden am Arbeitsplatz zu vergeben?
Welches ist der beste Zeitpunkt, ein gutes Gespräch mit einem Freund zu führen?
Welches ist der beste Zeitpunkt, jemandem etwas Gutes zu tun?

Wenn du sagst "heute", dann ist das nur ein Teil der Antwort. Halte inne und denke darüber nach. Jeder von uns besitzt eigentlich in Wahrheit nur den heutigen Tag. Gestern ist vorbei und morgen gibt es noch nicht. Du lebst im Hier und Jetzt des heutigen Tages und genau da braucht Gott dich. Gott hat dir das Heute geschenkt. Solltest du es nicht voll und ganz für ihn ausschöpfen? Tust du das nicht, verschwendest du dann nicht ein wertvolles Geschenk?
Aber wenn du heute für Gott leben willst, musst du mit ihm leben. Es gibt keinen anderen Weg. Das Heute ist nur möglich, wenn wir es mit dem leben, der es uns gegeben hat. Das ist die vollständige Antwort auf diese Fragen - nicht einfach nur "heute", sondern "heute mit Gott".
Wie bereitet man sich am besten auf morgen vor? Schöpfe dein Heute voll aus, nicht allein, sondern mit Gott.

"Darum sorgt nicht für morgen, denn der morgige Tag wird für das Seine sorgen. Es ist genug, dass jeder Tag seine eigene Plage hat."
Matth. 6.34

Tag 10

Was ist ein Mensch gegen einen Sturm wie diesen?

Joshua Slocum war fast drei Jahre allein auf See. In dieser Zeit hat er gegen Piraten, Krankheiten, Hungertod und Verzweiflung gekämpft. Es war im Jahr 1898; er beendete gerade die erste Ein-Mann-Weltumsegelung.

Joshuas größte Herausforderung kam am Ende der Reise. Eines Nachts zerlegte ein gewaltiger Sturm begleitet von Blitz und Donner sein zwölf Meter langes hölzernes Segelboot. Joshua blieb nichts anderes übrig als sich in seine Kabine in der Mitte des Bootes zurückzuziehen und zu warten.

Mit diesem Mann habe ich einiges gemeinsam, besonders das, was er in dieser Nacht empfand. Schlotternd, alleine, zog er sein Tagebuch heraus und schrieb: " Was ist der Mensch, ein Mann, gegen einen Sturm wie diesen?"

Ich weiß, wie er sich gefühlt haben muss und du vermutlich auch. Manchmal fühlt man sich, als ginge man solo durchs Leben, gefangen in einem tödlichen Sturm, völlig allein.

Welche Chancen hat man allein gegen den Sturm des Lebens? Willst du die wahre Antwort? Keine. Überhaupt keine Chance.

Selbst wenn du es heute alleine schaffst, wirst du es nicht gut schaffen. Du hast nur eine Hoffnung - Jesus. Mit ihm auf deiner Seite kannst du es schaffen, alles erreichen.

Beginne deine Reise ins Heute nicht ohne den, der den Weg kennt. Denn was ist schon ein Sturm gegen einen Gott wie diesen?

"Er stillte das Ungewitter, dass die Wellen sich legten."
Ps. 107,29

Tag 11

Zur Verantwortlichkeit kommt Freiheit.

"Es ist die Schuld der Politiker!" "Gott ist schuld!" Ich kann es nicht beweisen, aber ich bin überzeugt dass ich den Weltrekord im Ausreden-Anhören halte. Von Obdachlosen auf der Straße und Christen unserer Kirchen; in allen erdenklichen Situationen habe ich sie gehört. Nachdem ich so viele gehört habe, kam ich zu einem Schluss: Es gibt keine Ausreden. Niemals.

Was meine ich? Das ist einfach: Du wirst nur dann zum Opfer, wenn du statt deinen Entscheidungen den Umständen erlaubst, deinen Lebensweg zu bestimmen. Der Zustand deines Lebens ist nicht das Resultat deiner Umstände. Er ist das Ergebnis der Entscheidungen, die du getroffen hast und der Verantwortung, die du nimmst.

Ich weiß, dass das manchmal schwer ist. Der heutige Tag bringt wieder eine Menge Mühsal mit sich. Mir geht es ebenso. Und dann denke ich daran wie leicht es wäre, angesichts dieses Elends aufzugeben. Ich will nachgeben, aufhören und dann einfach niedergeschlagen liegen bleiben. Aber da gehöre ich nicht hin; da gehörst auch du nicht hin. Warum? Weil Gott uns nicht da haben will. Gott hat uns nicht dazu geschaffen, dass es uns erbärmlich geht.

Es ist nicht leicht, gegen den Wind zu segeln, aber so reist Gott. Du allein musst entscheiden, ob du aus dem Loch, in das dich das Leben geworfen hat, hervorkriechen wirst. Gott streckt dir seine Hand entgegen, um dich heraus zu ziehen. Er wird dich hoch ziehen, aufrichten und mit dir gehen. Aber die Entscheidung zu treffen herauszukommen, ist alleine deine Verantwortung.

Dinge, die dir geschehen sind vielleicht nicht dein Verschulden, aber das macht keinen Unterschied und wird nie einen machen. Was alleine zählt ist deine Reaktion. Das ist die Freiheit, die du heute und an jedem Tag deines Lebens hast. Der Schlüssel liegt darin, wie du dich entscheidest. Nur so kommst du aus dem Loch heraus. Jetzt, wo du den Schlüssel hast, wie du es schaffst - keine Ausreden mehr.

"Denn Gottes unsichtbares Wesen, das ist seine ewige Kraft und Gottheit, wird seit der Schöpfung der Welt ersehen aus seinen Werken, wenn man sie wahrnimmt, sodass sie keine Entschuldigung haben."

Römer 1.20

Tag 12

Was Gott schafft, ist großartig.
Gott hat mich geschaffen.

Air Florida Flug Nr. 90 starte im Januar 1982 vom Flughafen Washington D.C. ins Unglück. Es hatte sich Eis auf den Tragflächen gebildet und die Maschine stürzte ab.
Im Sturzflug durchschnitt der linke Flügel die vom Stoßverkehr belebte Brücke der 14th Street, bevor die Maschine in das eiskalte Wasser des Potomac River stürzte.
Du magst dich vielleicht an die Fernsehbilder erinnern - ein sinkendes Flugzeug, Leichen, Überlebende, die versuchten, irgendwie in dem eiskalten Wasser zu überleben. Ein Mann aus den hunderten Schaulustiger fasste sich ein Herz und versuchte, den Menschen in Not zu helfen. Dutzende Kameras hielten fest, wie Überlebende dann doch noch untergingen und ertranken. Aber da war ein Mann, der vom verschneiten Ufer in den Fluss sprang, um Sterbende zu retten. An Bord waren 79 Personen gewesen. Sechs haben überlebt.

Er lief los, um seinen verwundeten Freund vom Schlachtfeld zu retten - den Ruf seines Kommandanten im Ohr, dass er nicht gehen solle. Aber der Soldat bestand darauf und lief zu seinem sterbenden Freund. Beim Versuch, seinen Kamerad in den Schützengraben zu ziehen und zu retten, wurde er selbst angeschossen. Der Kommandant schalt den verwundeten Soldaten: "Ich hatte dir gesagt, dass du nicht gehen sollst! Er ist tot und du bist verwundet. Das war es nicht wert!"
Er schaute den Offizier an und antwortete; "Er war es wert, denn als ich zu ihm kam, lebte er noch. Und bevor er starb, sagte er 'Ich wusste ,du würdest kommen.' Mein Freund starb nicht allein. Verstehst du nicht? Ich wurde angeschossen, aber ich hatte gehen müssen."
Heute, in diesem Moment, hast du die Gelegenheit, die Größe, die Gott dir gegeben hat, einzusetzen. Weil dich heute irgendwer irgendwo braucht. Geh' los! Geh' dorthin, wo eine Not ist, aus der du heraushelfen kannst. So wirst du deine wahre Größe erkennen. Eine Person kann tatsächlich etwas verändern.

"Sei nicht ferne von mir, denn Angst ist nahe; denn es ist hier kein Helfer."
Psalm 22.12

Tag 13

Saat für die Ewigkeit.

Einen kleinen Notizzettel und 57 Pennies waren alles, was man unter dem Kissen des kleinen Mädchens fand. Bevor sie tot war, wollte sie immer in dem kleinen Tempel in der Nähe zur Sonntagsschule gehen. Aber er war zu klein und man sagte ihr, dass für sie kein Platz sei. So fing sie an Pennies zu sparen.

Sie wurde dann sehr krank und starb. Eine kleine Schatulle wurde unter ihrem Kissen gefunden. Darin waren die 57 Pennies und eine Notiz: "Damit der Tempel vergrößert werden kann und mehr Kinder zu Sonntagsschule gehen können."

Das ware ihre schlichte Saat.

Nachdem der Pastor die Geschichte der kleinen Gemeinde erzählt hatte, griffen Nachrichtenagenturen sie auf. Die Pennies begannen sich zu vermehren. Heute kann die Ernte dieser 57-Pennies-Saat von Hattie May Wiatt im Jahr 1884 in Philadelphia gesehen werden: eine Kirche mit 3000 Sitzplätzen; die Temple Universität, die jährlich tausende Studenten ausbildet; ein Krankenhaus und natürlich eine große Sonntagsschule.

Das ist ihre schlichte Ernte.

Wenn du Samen der Liebe, der Hingabe und des Gebens säst, werden sie nicht aufhören zu wachsen, denn sie wachsen in Gottes Garten. Egal wie klein oder unbeachtlich, die Saat des Herzens wird verewigt.

Gott sieht die Eiche in der Eichel.

"Dem Ende zu dies Leben eilt. Nur was für Jesus getan, für ewig weilt."

Zweifels ohne hast du jetzt eine Saat für die Ewigkeit zu säen.

"Das Senfkorn ist das kleinste unter allen Samenkörnern; wenn es aber gewachsen ist, so ist es größer als alle Kräuter und wird ein Baum, sodass die Vögel unter dem Himmel kommen und wohnen in seinen Zweigen."

Matth. 13.32

Tag 14

Gewohnheiten formen mein Leben.

Die Zeit kann unser ärgster Feind oder bester Freund sein, frage einfach Pietri Bandinelli. Leonardo da Vinci wählte ihn aus, bei seinem Gemälde 'das letzte Abendmahl' für Jesus Modell zu stehen. Der Künstler hatte nach dem richtigen Gesicht gesucht, das den Retter darstellen sollte und traf Pietri im Chor der Mailänder Kathedrale.

Viele Jahre vergingen und das Bild kam der Fertigstellung näher, nur eine Person musste noch dargestellt werden - Judas Iskariot. Da Vinci durchstreifte die Straßen Roms und schaute sich alle Gesichter an, um das härteste, kälteste und böseste zu finden, das dann den Verräter Jesu darstellen sollte.

Schließlich wurde ein älterer Mann in das Atelier gebracht. Als da Vinci sein gezeichnetes Gesicht sah wusste er, dass so sein Judas werden würde.

Als der Künstler die erste Stunde gemalt hatte, wendete sich der Mann ihm zu. Kummer hatte ihn zermürbt, und er sagte: "Meister, vor 25 Jahren war ich in diesem Atelier. Da saß ich Modell für Jesus."

Was wir mit unserem Leben vollbringen, entfaltet sich durch das, was wir jeden Tag tun. Und unsere Gewohnheiten, ob gut oder schlecht, entscheiden darüber, ob wir Jesus in uns behalten oder uns in Judas verwandeln. So einfach geht das. Wenn du jeden Tag deine Gewohnheiten etwas verbesserst, wirst du daraus ein besseres Leben schaffen. Die Veränderung kann auch in die andere Richtung ablaufen.

Eine einfache Formel das Leben zu verändern, denn Veränderung der Gewohnheiten geschieht durch Umdenken. Bessere Gedanken führen zu bedeutungsvolleren Worten, bedeutungsvollere Worte zu wesentlicherem Handeln, aus wesentlicherem Handeln folgen bessere Gewohnheiten, woraus ein festerer Charakter entsteht, der in eine größere Bestimmung mündet.

"Bessert euer Leben und euer Tun, dass ihr recht handelt einer gegen den andern und keine Gewalt übt gegen Fremdlinge, Waisen und Witwen und nicht unschuldiges Blut vergießt an diesem Ort und nicht andern Göttern nachlauft zu eurem eigenen Schaden, so will ich immer und ewig bei euch wohnen an diesem Ort, in dem Lande, das ich euren Vätern gegeben habe."

Jer. 7.5-7

Tag 15

Wenn der Kampf tobt, wird mein Glaube in der Zurückgezogenheit genährt.

Der Hirtenjunge fixierte mit seinem Blick die Augen des Riesen und trat hervor. An der eingeschüchterten großen Armee seines Volkes schritt er vorbei und hatte den Glauben sich dem Feind zu stellen und zu kämpfen.

Der Kampf geht weiter und als Christ weißt du, dass es immer weiter Kämpfe zu bestehen gibt. Jeden Tag bist du im geistlichen Kampf, du weißt also was kommt. Heute ist keine Ausnahme, sei bereit zu kämpfen.

Denk daran: Jedes Mal, wenn du in die Schusslinie trittst, kann es in die eine oder andere Richtung gehen. Am Ende kannst du die nächste Ebene des Sieges mit deinem Leben erreicht haben oder es kann dich um-, zurück- oder raushauen.

David wusste darum als er heraustrat, um gegen Goliath zu kämpfen. Er wurde als nichts besseres als ein Hirtenjunge betrachtet. Aber David wusste, dass er nicht nur bereit war zu kämpfen, sondern bereit zu gewinnen.

Warum war David so gut vorbereitet? Was gab ihm so viel Glauben für diesen Kampf? Woher hatte David die Kraft und Zuversicht? Es ist nicht kompliziert. Der Schlüssel liegt in der Vorbereitung und der erste Schritt ist, dass Glaube in der Zurückgezogenheit wächst.

David hat sein Leben zurückgezogen verbracht, Schafe hütend. Er hatte Zeit allein mit Gott, war vertieft ins Gespräch mit Gott, der Quelle seiner Kraft und Zuversicht. Dort wirst auch du fündig - an der Quelle.

Kraft und Glauben entspringen in Gott und es ist schwer, mitten im ablenkenden Alltagsgetöse zur Quelle vorzudringen. Wann hast du zuletzt eine ganze Nacht allein im Gebet verbracht? Ich versichere dir, das wird eine unvergessliche Nacht sein. Wenn wir Gott zeigen, dass wir bereit sind, nimmt er uns in seine Glaubensschule. Teil dessen ist, dass wir mit ihm allein sind.

Lauf nicht davon weg, mit Gott allein zu sein. Du brauchst dich nicht zu fürchten, denn wenn du bei ihm bist, bist du nicht einsam. Suche die Zurückgezogenheit. Zieh dich einfach zurück und sei still. Gott selbst wartet auf dich.

"Und Samuel sprach zu Isai: Sind das die Knaben alle? Er aber sprach: Es ist noch übrig der jüngste; siehe, er hütet die Schafe. Da sprach Samuel zu Isai: Sende hin und lass ihn holen; denn wir werden uns nicht niedersetzen, bis er hierher kommt. Da sandte er hin und ließ ihn holen. Und er war bräunlich, mit schönen Augen und von guter Gestalt. Und der HERR sprach: Auf, salbe ihn, denn der ist's."

1. Sam. 16.11-12

Tag 16

Wenn der Kampf tobt, wird mein Glaube in der Auseinandersetzung gestärkt.

Von Unkenntnis genährter Ärger der anderen begleitete David, als er auf den Riesen zuging. David war der einzige, der dem Feind entgegen trat. Seine Landsleute nahmen es ihm übel, denn sie konnten nicht sein Herz sehen. Er ließ sich voll und ganz auf den Kampf ein, weil sein Mut und Glaube den der anderen übertraf.

Wie bereitest du dich auf den Riesen vor? Wie weißt du, dass du am Tag der Herausforderung nicht nur bereit bist zu kämpfen, sondern auch fähig zu gewinnen? David ging zuversichtlich in den Kampf; er war bereit. Wodurch? Zum einen war er beim Hüten der Schafe viel alleine und hatte diese Zeiten für die Beziehung mit Gott genutzt, die Quelle seiner Kraft und seines Glaubens. Aber da gab es mehr - Davids Glaube war in Auseinandersetzungen gestählt worden.

Als Saul Davids Befähigung, gegen den Riesen kämpfen zu können, hinterfragte, antwortete David: "Ich habe mit einem Bären gekämpft und ein andres Mal mit einem Löwen." Er war ein geübter Kämpfer. Bei einem Übergriff auf die Herde würde er den Eindringling bekämpfen und die Schafe zurückerobern. Einmal packte er einen Löwen bei der Mähne und tötete ihn. Genau das nennt man kämpfen.

In meinem Leben habe ich auch so manchen Kampf durchstanden. Ich bin nicht scharf darauf, mit einem Löwen oder Bären zu kämpfen, aber ich würde doch lieber noch solche Kämpfe austragen als diejenigen, die ich überstehen musste. Wie stehts mit dir? Wenn du sie zulässt, werden die Siege in dir Zuversicht bewirken. Du weißt, dass der Riese kommt. Der nächste größere Kampf wartet hinter der nächsten Ecke auf dich. Es könnte der Kampf deines Lebens sein. Darum lauf nicht vor den kleinen davon.

Denke daran: Du bekommst nicht Kraft für, sondern durch den Kampf. Die kleineren Kämpfe gestern haben uns nur für die größeren Kämpfe heute vorbereitet. Egal was dir begegnet, du bist dann bereits kampferprobt.

Vergiss all die Schlachten nicht, durch die dir der lebendige Gott hindurchgeholfen hat, und wenn der Riese kommt, wird er da und du bereit sein.

"So hat dein Knecht den Löwen und den Bären erschlagen und diesem unbeschnittenen Philister soll es ergehen wie einem von ihnen; denn er hat das Heer des lebendigen Gottes verhöhnt."

1. Sam. 17.36

Tag 17

Wenn der Kampf tobt, bewährt sich mein Glaube in der Hoffnungslosigkeit.

Nüchtern betrachtet war es eine hoffnungslose Situation, das wußte jeder. Darum wollte sich auch niemand stellen. Alles war gegen David. Das Volk war gegen ihn, die Umstände standen ihm entgegen. Und der Feind? Die schiere Größe des Riesen sprach gegen David. Aber David trat aus der Hoffnungslosigkeit der Welt heraus, hinein in die Kraft Gottes.

Bei einem Raubüberfall wurde ich mit einem Backstein so schwer im Gesicht verletzt, dass ich rechts erblindete. Die Hoffnung war, dass durch eine Operation ein Blutgerinnsel entfernt und das Sehvermögen wiederhergestellt werden könnte. Aber ich hatte mich entschieden aufzugeben. Meine Hoffnung war am Boden zerstört und ich ebenso. Mein Flug am nächsten Tag sollte mich nicht in die Stadt bringen, in der ich operiert werden sollte, sondern an einen geheimen Ort, an dem mich niemand finden würde. Mit einem guten Auge wollte ich Brooklyn hinter mir lassen und nie zurückkehren.

Als ich am nächsten Morgen aufwachte, merkte ich überrascht, dass ich mit beiden Augen sehen konnte. Das Auge war komplett geheilt und ich konnte wieder normal sehen.

Du wirst in Situationen kommen, in denen dir klar wird, dass du am Ende deiner Möglichkeiten bist. Da ist es hoffnungslos. Wenn du aber in solch einer hoffnungslosen Situation dennoch siegst weißt du, dass der Sieg von Gott kommt. David wusste es, denn es war unmöglich, dass er allein gegen den Riesen kämpfen und gewinnen konnte. Er hatte den Glauben, der sich in der Hoffnungslosigkeit bewährte.

Die Entscheidung zu treffen, die Hoffnungslosigkeit hinter sich zu lassen und sich in den Bereich des Übernatürlichen hinein zu bewegen, ist ein unvergessliches Erlebnis. Du kannst heute im Glauben heraustreten und etwas so Großes und Unmögliches tun, dass du genau weißt, das kann nur von Gott kommen.

Als ich auf einem Auge erblindet war, war ich hoffnungslos. Ich konnte nicht mehr sehen - weder mit meinem Auge noch geistlich. Aber nachdem Gott mir übernatürlich die Sehfähigkeit zurückgegeben hatte, habe ich Gottes Macht in keiner Situation mehr angezweifelt. Mein Glaube musste sich in der Hoffnungslosigkeit bewähren, dein Glaube ist dazu genauso fähig.

In welchem hoffnungslosen Kampf stehst du gerade? Dort hast du mit Gott zusammen etwas anzupacken.

"Heute wird dich der HERR in meine Hand geben, dass ich dich erschlage und dir den Kopf abhaue und gebe deinen Leichnam und die Leichname des Heeres der Philister heute den Vögeln unter dem Himmel und dem Wild auf der Erde, damit alle Welt innewerde, dass Israel einen Gott hat."

1. Sam. 17.46

Tag 18

Predige nicht nur das Wort, lebe das Leben.

Die Gemeindeglieder standen beieinander und tuschelten während sie den alten Obdachlosen anstarrten, der gerade durch den Raum ging. Ich wartete auf den Beginn des Gottesdienstes, als ich den Mann sah. Die Leute, die mich hierher eingeladen hatten um zu predigen, starrten den alten Mann an, als er sich in der hintersten Reihe setzte. Sie unterhielten sich offensichtlich über diese erbärmliche Erscheinung, die soeben in ihre Gemeinde eingedrungen war.

Einer der Diakone ging auf den bedrückt wirkenden Mann zu, flüsterte ihm etwas ins Ohr, ging wieder weg und wartete. Dieser einsame Mensch stand langsam auf, wickelte sich in seinen abgetragenen Mantel und senkte beschämt den Kopf. Ich war nicht überrascht, dass er dann zur Tür und hinaus ging.

Die Tragweite dieser Dummheit ist mir immer gegenwärtig. Diese Leute könnten in diesem Moment Jesus selbst gebeten haben, die Kirche zu verlassen.

Es ist doch nicht genug, dass wir zusammen kommen, predigen und das Wort Gottes hören. Obwohl dies eine Quelle des Lebens und der Wahrheit ist, bleibt sie vor Gott doch bedeutungslos, es sei denn dass wir das Gehörte täglich ausleben. Die Herausforderung ist doch, dass wir über das sonntägliche bestätigende Einander-Zunicken hinauswachsen und es in unserem täglichen Leben umsetzen. Hör' nicht nur die Botschaft des Evangeliums, mach' sie zum Fahrplan deines gesamten Lebens. Der Heilige Franziskus sagte: "Predige das Evangelium jederzeit. Und wenn es nicht anders geht, auch mit Worten."

Wir wissen, dass die Gemeinde breit sein muss, es nicht nur in Worten zu predigen sondern auch in Taten vorzuleben. Aber wer ist die Gemeinde? Wir! Du und ich. Es liegt an uns, über das hinaus zu gehen, was andere bereit sind zu tun und dennoch zu handeln, obwohl unser eigener Mut schon erschöpft ist.

Heute das du die Möglichkeit, jemandem zu predigen, den du schon lange erreichen wolltest. Mach es ohne ein Wort. Er wird verstehen.

"Und der König wird antworten und zu ihnen sagen: Wahrlich, ich sage euch: Was ihr getan habt einem von diesen meinen geringsten Brüdern, das habt ihr mir getan."
Matth. 25.40

Tag 19

Gottes Botschaft ist einfach.

"Es kann doch niemand der Bibel zustimmen," sagten sie. "Sie lässt sich doch in alle Richtungen auslegen!" Das hörst du wahrscheinlich ebenso oft wie ich. Es ist der Lieblingsspruch derer, die der Botschaft der Bibel nicht oder nur halb glauben. Eine aalglatte Entschuldigung. Höre ich jemanden so über das Evangelium reden, dann weiß ich, dass er es nie gelesen hat.

Aber wie erklären wir es? Was ist die zentrale Aussage? Zudem ist die Bibel sehr umfangreich. Kürzlich hörte ich das Wesentliche der Bibel auf sehr einfache und aussagekräftige Weise zusammengefasst. Die gesamte Bibel war von einem Mann namens Bruce Larson auf ganze sieben Worte komprimiert.

Bruce ist ein erstaunlicher Prediger. Er ist ein gütiger, sanfter und göttlicher Mann, hat Dutzende Bücher veröffentlicht und Tausende Menschen in den letzten 50 Jahren begleitet. Heute ist er Mentor einiger der einflussreichsten Prediger der Welt.

Bruce überlässt nichts der Auslegung. Er redet unmissverständlich, auch über biblische Wahrheit. Es beeindruckt mich an ihm, dass er Dinge einfach hält. Hier ist also in sieben Worten Bruces Zusammenfassung dessen, was Gott uns durch das Evangelium sagen will: "Ich liebe dich. Stell dich nicht dumm."

Aus meiner Sicht ist damit alles erklärt. Natürlich will ich deshalb nicht vorschlagen, dass du aufhörst täglich die Bibel zu lesen. (Tatsächlich solltest du, falls du es nicht schon tust, täglich die Bibel lesen. Das hält uns davon ab, dumm zu werden.) Es ist einfach so, dass die Aussage der Bibel in diesen sieben Worten zusammen gefasst ist. Durch "Ich liebe dich. Stell dich nicht dumm." sagt uns Gott wie er über uns empfindet und was er von uns erwartet. Kannst du dir ausmalen wie die Welt aussähe, wenn wir diese sieben Worte begreifen würden?

Das Wort Gottes ist eine lebendige, universale Botschaft. Vergiss nicht seine Kraft, wenn du in diesen Tag gehst. Halte dir vor Augen und denk daran: "Ich liebe dich. Stell dich nicht dumm."

Denn euer Gehorsam ist bei allen bekannt geworden. Deshalb freue ich mich über euch. Ich will aber, dass ihr weise seid zum Guten, aber geschieden vom Bösen.
Rö. 16.19

Tag 20

Gott hat mich erwählt, diese große Sache zu tun.

"Sind Sie sicher, dass Sie mich meinen?" "Ja," sagte er. "Wir haben Sie beobachtet und wollen verstehen, was Sie gelernt haben." Noch etwas verwirrt erhob ich dann das Wort um mit dem Präsidenten zu sprechen. Ich gehöre nach Brooklyn, nicht ins Weiße Haus. Aber im Weißen Haus befand ich mich.

Präsident Bush hatte mich gebeten in einem Komitee mitzuarbeiten, das die Innenstädte Amerikas wieder beleben sollte. Niemand im Raum sah so aus, sprach oder dachte wie ich. Dennoch war ich da.

Warum musste ich mit mir selbst kämpfen? Warum konnte ich nicht glauben, dass ich nach Washington berufen wurde um mit so vielen prominenten Leuten zusammen zu arbeiten? Es war ganz einfach: Ich hatte nicht begriffen, wie groß und gut Gott durch mich hatte wirken können. Zudem, wer bin ich schon?

Erinnerst du dich an Bette Middlers Satz in dem Film "Die unglaubliche Entführung der verrückten Mrs. Stone". Nachdem sie gekidnappt worden war mussten die Entführer ständig die Lösegeldsumme runtersetzen, weil niemand bereit war, den hohen Preis für sie zu bezahlen. Plötzlich verstand sie, dass sie, um ein Lösegeld zu sichern, als Sonderangebot gehandelt wurde und schrie: "Ich bin von einem Schnäppchen-Markt entführt worden!"

Tragischerweise unterschätzen Christen Gottes Pläne mit ihnen. Sie sehen sich selbst als Rabatt-Fälle. Mach das nicht. Nimm dem, was Gott für dich bereit hat nie die Größe. Halte Gott nicht kurz nur weil du nicht glauben kannst, dass er durch dich etwas großes tun kann. Es geht nicht um das was du denkst. Es zählt nur was Gott denkt. Das mag seltsam klingen, aber bedenke für den Rest des Tages folgendes: Dein Leben ist nicht mehr deine Privatangelegenheit, sondern die Gottes. Wenn du dich dabei ertappst wie du sagst "Ich bin nicht gut genug", dann denke daran, wer dich erschaffen hat, wer dich trägt, wer dich liebt. Gott selbst liebt dich so sehr, dass er seinen Sohn geopfert hat. Glaubst du wirklich er würde je sagen du seist nicht gut genug?

Heute kann der Herr alles durch dich vollbringen. Es ist eine schreckliche Zeitverschwendung an weniger als das zu glauben.

Denn wenn du zu dieser Zeit schweigen wirst, so wird eine Hilfe und Errettung von einem andern Ort her den Juden erstehen, du aber und deines Vaters Haus, ihr werdet umkommen. Und wer weiß, ob du nicht gerade um dieser Zeit willen zur königlichen Würde gekommen bist?

Ester 4.14

Tag 21

Heute gehe ich ein wenig weiter als der Rest.

"Meine Seele ist betrübt," sagte Jesus seinen Jüngern. "Ich brauche euch bei mir." Sie folgten ihm in den Garten und in der Stille der Nacht unter den Bäumen sprach er mit ihnen. Die müden Männer schauten zu wie Jesus sich wendete und ein wenig weiter ging. Die Zeit war da, dem Leiden ins Auge zu sehen.

Ich glaube, dass das die schwerste Zeit war, die Jesus je durchlebte. Das Kreuz wartete auf ihn, aber zuerst musste er Gethsemane ertragen. Wir betrachten immer Golgatha als den Höhepunkt der Leiden Jesu. Aber ich denke, dass er im Garten die größeren emotionalen Qualen erlitt. Er allein wusste, was in dieser Nacht auf ihn zukam.

Wenn du heute vor einem Test stehst, dann sind die Beklommenheit und Furcht wahrscheinlich schlimmer, als der Test selbst. Das Bewusstsein bevorstehender Qualen ist in sich bereits eine Qual. Panische Angst steigt auf, aber es gibt kein Ausweichen. So ging es Jesus in Gethsemane.

Wenn du dein eigenes Gethsemane durchleidest - glaube mir, jeder geht da durch - dann ist es hilfreich, Leute um sich herum zu haben, die einen ermutigen und für einen beten. Aber um durch diese Phase deines Lebens zu kommen, musst du ein wenig weiter gehen als der Rest.

Du magst dir selbst sagen, dass du nicht mehr weiter kannst. Das unerträgliche Gewicht will dich erdrücken. Aber denke an Jesus. Er ging ein wenig weiter als der Rest. Nicht viel, aber das machte den Unterschied. Willst du durchkommen? Willst du heute einen Unterschied machen? Dann denke daran: wenn alle anderen stehenbleiben, gehe du weiter. Es muss nur ein wenig weiter sein, wenn alle anderen aufgeben, um vorwärts zu kommen.

Da sprach Jesus zu ihnen: Meine Seele ist betrübt bis an den Tod; bleibt hier und wacht mit mir! Und er ging ein wenig weiter, fiel nieder auf sein Angesicht und betete und sprach: Mein Vater, ist's möglich, so gehe dieser Kelch an mir vorüber; doch nicht wie ich will, sondern wie du willst!

Matth. 26.38-39

Tag 22

Heute bete ich etwas heftiger.

Das verzweifelte Gebet Jesu entsprang dem Kummer und den Qualen. Er bat die Jünger, mit ihm zu wachen und zu beten und ging etwas weiter in den Garten hinein. Abseits von den anderen hielt er an und fiel auf seine Knie. Er wusste, das er diese Arbeit allein verrichten musste. Jesus packte allen Kummer in die Bitte an den Vater. In dieser Nacht betete er so sehr, dass er schwitzte und es schien, als tropfte Blut auf den Boden.

Einige Kritiker - und ich habe derer viele gehört - behaupten, die Aussage, Jesus habe in dieser Nacht Blut geschwitzt, sei nur ein Sinnbild dessen, was geschehen ist. Anders können sie es sich nicht erklären. Aber diese Kritiker verstehen einfach nicht.

Selbst wenn er nur schweißtreibend gebetet hat, bleibt dies meine Frage: Wann hast du zuletzt so angestrengt gebetet, dass es dir den Schweiß hervortrieb? Das ist Gebet durch und durch. Das ist Gebet mit allem was du bist. Das ist kräftiger beten.

Ja, Jesus ist weiter gegangen als der Rest, aber er hat mehr als das getan. Denk daran, wenn du an diesen Ort kommst, der etwas weiter weg ist, dann reicht es nicht, einfach nur dort zu sein. Ebenso wie Jesus im Garten musst du heftiger beten. Bedenke: Wenn schon Jesus es nötig hatte zu beten - bist du anders? Glaubst du, du kommst ohne durch? Weder Jesus konnte es, noch du. Und wenn Jesus angestrengt beten musste, dann müssen du und ich auch heftiger beten.

Die Bibel sagt uns, dass wir die harten Brocken durch Fasten und Beten klein kriegen. Warum ist das so schwer zu verstehen? Du erduldest vielleicht Leiden, weil du denkst, dass man da sowieso nichts machen kann. Warum? Wenn du in einer schwierigen Lage bist, kannst du sehr wohl etwas tun! Nachdem du ein wenig weiter als der Rest gegangen bist, bete etwas heftiger.

"Vater, willst du, so nimm diesen Kelch von mir; doch nicht mein, sondern dein Wille geschehe! Es erschien ihm aber ein Engel vom Himmel und stärkte ihn. Und er rang mit dem Tode und betete heftiger. Und sein Schweiß wurde wie Blutstropfen, die auf die Erde fielen."

Luk. 22.42-44

Tag 23

Heute bleibe ich etwas länger.

Jesus wusste, dass sich der Moment nahte. Er würde bald verraten und gefangen genommen werden und dann würde die Folter beginnen. Nachdem Jesus zum Gebet ein wenig weiter in den Garten gegangen war, kam er wieder an den Ort, an dem er die Jünger zurückgelassen hatte. Sie schliefen. Er drängte sie, dass sie wach bleiben und mit ihm beten sollten. Dann ging er wieder etwas weiter an den Ort des heftigeren Betens und blieb noch etwas länger.

Aus dem Leben Jesu habe ich vieles gelernt; herausragend dabei ist, dass er nicht aufgegeben hat. Egal was es war, er hat es durchgestanden. In den schwersten Zeiten seines Lebens ist er nicht davongelaufen, ist er nicht den Umständen ausgewichen und hat auch nicht versucht, sich abzulenken. Nein, er hat sich besonnen, zurückgezogen und gebetet ... und er blieb etwas länger als die Jünger es aushalten konnten.

Ich frage mich, wie viele Fehler vermieden werden könnten, wenn wir so handelten? Gab es bei dir Situationen, in denen du es hättest schaffen können, aber du wurdest entmutigt und hast aufgegeben? Wenn man in einer Situation auf dem Boden angekommen ist, dann ist einpacken und weglaufen nie die Lösung. Das ist der Moment, in dem du etwas weiter gehen, etwas heftiger beten, etwas länger bleiben musst als der Rest.

Du musst bereit sein, mehr zu tun als alle anderen. Es geht nicht um Begabung, es geht nicht um Fähigkeit, es geht nicht um Charisma - nicht von all dem. Dein Platz, dein Gebet und deine Ausdauer zählen. Mach es ebenso wie Jesus, der seinen Vater - deinen Vater - um Hilfe anrief. Das wird dich durch eine unmögliche Situation hindurchbringen.

Wenn Gott dich heute in einer Situation herausfordert, dann gehe etwas weiter, bete etwas heftiger und bleiber etwas länger als der Rest. Dort wird er dir begegnen.

"Und er kam und fand sie abermals schlafend, und ihre Augen waren voller Schlaf. Und er ließ sie und ging abermals hin und betete zum dritten Mal und redete dieselben Worte."

Matth. 26.43-44

Tag 24

Was ertragen werden muss, kann ertragen werden.

Ich musste viele Male mit ansehen, wie Menschen umgebracht wurden. In dem Wohngebiet, in dem wir Kindern und Familien dienen, habe ich zwanzig Morde auf offener Straße gesehen. Zwanzig Leichen. Die letzte sah ich gerade vor Weihnachten, am gleichen Tag, an dem wir tausende Weihnachtspäckchen an die Kinder verteilten. Ich lief mit einer Gruppe von 6-jährigen zu unserem Bus und da lag das Opfer, ein Messer steckte in seinem Brustkorb. Ich hoffe, dass du noch nicht durch solch eine Situation musstest, aber was macht man, wenn man mit zehn 6-jährigen die Straße überqueren will und da liegt ein toter Mensch im Weg?

In diesem Moment musste ich mich auf das besinnen, wozu ich hier war. An der Situation auf der Straße konnte ich nichts ändern. Die Polizei war da, Schaulustige sammelten sich, aber ich hatte Kinder, die in die Sonntagsschule sollten und ich hatte Weihnachtsgeschenke zu vergeben. WIeder einmal wurde mir klar, dass Blut und Kugeln die Liebe nicht stoppen konnten, die wir diesen Kindern zeigen wollten. Alles, was diese Stadt oder das Leben uns vorwirft, müssen wir ertragen, denn Gott will, dass wir das Leben dieser Kinder retten. Und weil wir es für Gott ertragen, gibt er uns die Kraft dazu. Was ertragen werden muss, kann ertragen werden.

Jesus sagte zu dem Gelähmten: " Nimm dein Bett und gehe." Würde Jesus ihm etwas abverlangen, das der Gelähmte nicht tun könnte? Glaub mir, er wird nie etwas von dir verlangen, das du nicht tun kannst. Was immer er vor dich bringt, wo immer er dich hinschickt - du kannst dir sicher sein, dass er alles so bereitet, dass du es ertragen kannst.

Du bist wie du sein musst, denn er hat dich so geschaffen. Wenn er dir eine Last aufbürdet, gibt er dir die Kraft, diese zu tragen. Außerdem ist er derjenige, der dich trägt.

Es ist wahr, wenn du heute etwas ertragen musst, kannst du es.

"Siehe, ich habe dir geboten, dass du getrost und unverzagt seist. Lass dir nicht grauen und entsetze dich nicht; denn der HERR, dein Gott, ist mit dir in allem, was du tun wirst."

Josuah 1.9

Tag 25

Ich mag mich in einer waghalsigen Lage befinden, aber da gehöre ich hin.

Joel Aronsen brauchte eine Herztransplantation. Er war weder versichert noch hatte er das Geld, um sich operieren lassen zu können, aber er hatte einen Freund - Steve Wallenda von "Die Fliegenden Wallendas", einer Hochseilakrobaten-Familie.

Wallenda sagte zu Joel: "Ich bin da, um dein Leben zu retten!" und richtete ein Hochseil im Rawhide Vergnügungspark in Scottsdale, Arizona, auf. Als er auf das Seil in 15 Metern Höhe kletterte verkündete er, dass er vier Tage am Stück oben bleiben werde, um so Geld für die Operation seines Freundes zu sammeln.

Wallenda wartete nicht darauf, dass ihm jemand vorschlug, was er zur Hilfe seines Freundes tun könne. Er sah die Not und setzte etwas Riskantes dagegen. Kein Gelaber. Kein Komitee. Keine Planung. Einfach eine ungewöhnliche, wirkungsvolle Aktion. Ein besseres Beispiel dafür, dass sich jemand für einen Freund in eine gefährliche Lage bringt, kann man nicht finden.

Wie oft siehst du Menschen, besonders Christen, die zu ängstlich oder nicht bereit sind, sich in eine Gefahr zu begeben? Selbst wenn es nötig wäre sofort zu handeln, schrecken die Menschen vor dem kleinsten Risiko zurück. Sätze wie diese fallen: "Das wäre wohl wichtig, aber die Gemeinde käme dadurch in eine gefährliche Lage. Das machen wir besser nicht." Irgendwie scheinen sie zu denken, dass Risikobereitschaft etwas "unchristliches" ist. Falsch!

Ein sinnvolles und notwendiges Risiko einzugehen ist eine zutiefst christliche Sache. Du und deine Gemeinde, ihr könnt das tun. Jesus fordert uns heraus, durch unseren Dienst Frucht zu bringen. Ein Baum trägt seine Frucht weit draußen im unsicheren Bereich, nicht nahe am starken Stamm oder auf dem sicheren Boden, sondern dort, wo sie Wind, Wetter und Sonne ausgesetzt ist. Wo musst also du sein, um Frucht zu bringen? An so einem Ort - wo du es nicht mehr selbst im Griff hast.

Schau dir die waghalsigen Möglichkeiten an, durch die du heute Gutes tun kannst. Denk daran: wo starb Jesus für dich? Richtig, in einer waghalsigen Situation hat er Kopf und Kragen eingesetzt. Wofür setzen wir Kopf und Kragen ein?

"Ich bin der wahre Weinstock und mein Vater der Weingärtner. Eine jede Rebe an mir, die keine Frucht bringt, wird er wegnehmen; und eine jede, die Frucht bringt, wird er reinigen, dass sie mehr Frucht bringe."

Joh. 15.1-2

Tag 26

Wenn es keinen Ausweg aus dem Problem gibt, gehe ich einfach durch.

Das Flugzeug war wie gewöhnlich vollgepackt. Es war der Samstagabendflug von New York nach Los Angeles, den ich schon so oft genommen hatte. Ich saß im mittleren Bereich umgeben von Menschen. Der einzige freie Platz war neben mir auf der anderen Seite des Gangs.

Es fiel mir sofort auf, dass der alte Mann, den sie den Gang entlang führten, seine Hände nicht gebrauchen konnte. Der Flugbegleiter schnallte ihn für den sechsstündigen Flug an. Kurz nach dem Start wurde das Abendessen serviert. Als sie zu dem alten Mann kamen, mussten sie ihm den Klapptisch runter machen und das Essen vor ihm abstellen. Er starrte es nur an. Dann begann ich zu verstehen. Er konnte nicht essen, weil er seine Hände nicht gebrauchen konnte.

"Brauchen Sie Hilfe?" fragte ich ihn. "Ja," antwortete er, "ich bin sehr hungrig." Ich war nicht überrascht, dass mir der Flugbegleiter sagte, die Fluggesellschaft sei nicht dafür zuständig, ihn zu füttern. Genauso wenig war ich überrascht, dass die Frau, die neben dem Mann saß, auch eine Entschuldigung fand. Ich muss gestehen, dass es für uns alle eine peinliche Situation war.

Dann dachte ich nach. 'Der Mann muss essen, hat aber keine Hände. Sei's drum, ich habe Hände, also gibt es gar kein Problem.' Ich musste einfach nur über meinen Schatten springen und das Problem beheben. Es gab keine andere Wahl.

Die nächste Zeit verbrachte ich damit, das Essen zu schneiden und den alten Mann zu füttern. Als wir später das Flugzeug verließen, schaute er mich an und sagte: " Danke, dass Sie mich gefüttert haben. Mir wird sonst nur geholfen, wenn ich auch dafür bezahle. Danke, dass Sie sich die Mühe gemacht haben."

Wir verbringen oft mehr Zeit damit, einen Ausweg aus dem Problem zu suchen, als damit, eine Lösung zu finden; besonders wenn es darum geht, anderen zu helfen. Die Lösung mag mit sich bringen, dass die Situation unpassend ist, es unbequem oder peinlich wird oder man sich rausreden möchte. Aber es stimmt, eine Lösung ist immer der beste Weg aus einem Problem heraus. Die Lösung weicht nicht aus, übergeht nicht, verleugnet nicht. Die Lösung packt an.

Gott hat sich des Problems der Sünde angenommen und seinen Sohn als Lösung geschickt. Denkst du es fiel Gott leicht, das Sündenproblem der Menschheit aufzugreifen? Nein, es war nicht leicht, aber es war der einzige Weg.

Wenn Gott dir Jesus als Lösung für den Tod geben konnte, welche Lösung kannst du ihm heute geben?

"Seit der Zeit fing Jesus an, seinen Jüngern zu zeigen, wie er nach Jerusalem gehen und viel leiden müsse von den Ältesten und Hohenpriestern und Schriftgelehrten und getötet werden und am dritten Tage auferstehen. Und Petrus nahm ihn beiseite und fuhr ihn an und sprach: Gott bewahre dich, Herr! Das widerfahre dir nur nicht! Er aber wandte sich um und sprach zu Petrus: Geh weg von mir, Satan! Du bist mir ein Ärgernis; denn du meinst nicht, was göttlich, sondern was menschlich ist."

Matth. 16.21-23

Tag 27

Ich weiß, wenn ich leide, ist Hilfe unterwegs.

Ich konnte nur zusehen, wie der kleine Junge auf der Straße Rotz und Wasser heulte. Er weinte, weil ein Lastwagen gerade seinen Hund überfahren hatte. Der Junge versuchte, seinen Hund sanft zu berühren, aber der versuchte, ihn zu beißen. Der Junge weinte unbändig und konnte nicht verstehen, warum der Hund sich nicht helfen ließ.

Ich musste selbst weinen, weil ich verstand. Wenn man Schmerzen hat, kann selbst eine liebevoll gemeinte Berührung schmerzhaft sein. Die Jahre der Arbeit unter den Kindern in der Stadt haben einige recht tiefe Narben in mir hinterlassen. Und zweifelsohne steht mir noch mehr bevor. Ich vermute, ich bin wie der Hund, du vielleicht auch. Wenn es mir weh tut, bin ich nicht gut zu haben. Manchmal lehne ich die Liebe und Zuwendung ab, die Leute mir verzweifelt entgegenbringen.

Aber das ist für niemanden der richtige Weg. Gott erinnert uns immer wieder daran, dass er uns in schlimmen Zeiten immer Hilfe senden wird. In Zeiten der Not ist das schwer zu begreifen, aber die Hilfe ist schon unterwegs. Oft stecken wir so im Schmerz, dass wir die Hilfe nicht wahrnehmen oder annehmen wollen. Darum müssen wir nach ihr ausschauen.

Es scheint oft leichter, sich zu verstecken, sich abzusondern und nach denen zu schnappen, die helfen wollen. Selbst nach Gott. Es wird aber nicht besser, bis wir die Hilfe annehmen, die Gott uns schickt. Wenn du gerade etwas Unerträgliches durchlebst, ist Gottes Hilfe schon auf dem Weg. Das ist eine Verheißung - sei also bereit.

"Aber der HERR hilft den Gerechten, er ist ihre Stärke in der Not. Und der HERR wird ihnen beistehen und sie erretten; er wird sie von den Gottlosen erretten und ihnen helfen; denn sie trauen auf ihn."

Psalm 37.39-40

Tag 28

Ich bin bereit, heute den nächsten Schritt zu gehen.

Einer meiner Freunde geht jeden Morgen joggen. Eigentlich kenne ich viele Menschen, die früh aufstehen und eine weite Strecke laufen, nur um dann am Ausgangspunkt wieder anzukommen. Aber dieser Freund ist anders. Er läuft am liebsten an der felsigen Küste von Connecticut. Er läuft meilenweit über Steine, Treibholz, Sand und Felsen.

Er sagte mir, dass er täglich stolpert und ausrutscht. Mal treffen ihn Wellen, mal treibt ihn der Wind in die Brandung. "Das Schlimmste ist hinzufallen," sagt er, "die Felsen sind scharf wie Glassplitter. Jeder Schritt muss sitzen oder ich bin in Schwierigkeiten." Dann sagte er: "Du musst immer wissen, wo deine Füße sind und wohin du sie als nächstes setzt. Wenn du den Blick abwendest und nicht mehr siehst, wohin du den nächsten Schritt setzt, passieren die Fehler. Du darfst keine Angst vor dem nächsten Schritt haben."

Es ist leicht, den Blick dafür zu verlieren, wo man ist und wohin man geht. Unbemerkt kann man vom Weg zum Ziel abweichen und zu Fall kommen. Passiert das zu oft, dann macht sich Furcht breit und man hat Angst davor, den nächsten Schritt zu gehen.

In meinem Wohngebiet kann es recht gefährlich sein, die Straße entlang zu gehen. Mir geht es aber wie dir, ich muss an verschiedene Orte gehen. Ich kann es mir nicht leisten, mich vor dem nächsten Schritt zu fürchten. Dass ich so lange in dieser Stadt überlebt habe liegt daran, dass ich drei Sachen sicher stelle: Meine Füße stehen auf festem Boden, ich weiß, wo meine Füße sind und ich bin immer bereit, den nächsten Schritt zu gehen.

Wenn du mit deiner Familie, deinem Dienst oder in deiner Karriere vorwärts kommen möchtest musst du immer bereit sein, den nächsten Schritt zu gehen. Jesus wusste immer, wohin er wollte. Ob er durch die Wüste oder übers Wasser wollte, er war bereit für den nächsten Schritt. Zudem wusste er, wohin ihn diese Schritte führten.

Selbst an dem Tag, an dem sie ihn umbrachten, stolperte Jesus und fiel. Dennoch stand er wieder auf und ging den nächsten Schritt - auf das Kreuz zu.

Warum ging Jesus den nächsten Schritt? Damit du nach vorne schauen kannst, auf Heute und Morgen, und den nächsten Schritt ohne Furcht gehen kannst. Bist du Schritte gegangen, bei denen du Angst hattest?

Heute? Schau dir genau an, wo du bist und wo du hin willst. Der nächste Schritt liegt an dir.

"Wenn wir im Geist leben, so lasst uns auch im Geist wandeln."
Gal. 5.25

Tag 29

Für einen festen Stand muss ich erst still werden.

Die Freude über die gewonnene Freiheit von Ägypten hatte sich schnell verflüchtigt, als sie der Realität begegneten. Es lief nicht sehr gut für diese früheren Sklaven. Obwohl sie Gott selbst für sie handeln gesehen hatten, war es nicht leicht, ihre Heimat in Ägypten zu verlassen. Sie folgten Mose in die Wüste, ins Ungewisse. Niemand wusste, wo es hin ging und gleichzeitig sahen sie hinter sich den Pharao mit seinem Heer in wilder Verfolgungsjagd. Die Israeliten - Hunderttausende - wurden nervös und, wie es die meisten frommen Leute tun, wenn sie nervös werden, sie fingen an zu meckern.

Als es dann noch schlimmer wurde, setzte die Panik ein und sie schrien Moses an. Dann schrien zu Gott. Plötzlich erschien ihnen das Sklavenleben nicht mehr so schlecht und sie sagten zu Moses: "Hey, warum hast du uns nicht dort gelassen wo wir waren? Ja, wir waren Sklaven und hatten ein mieses Leben, aber wir lebten. Schau dir an, was du angerichtet hast. Wir werden hier sterben!" Es ist bemerkenswert, dass die Israeliten inmitten ihres Wutanfalls dennoch "zu Gott schrien", aber nicht gerettet wurden.

Moses machte eins nach dem anderen. Er wusste, dass das Volk Mut brauchte, um weiter gehen zu können, aber zuerst musste es sich beruhigen.

Moses wandte sich dem Volk zu und erinnerte es an etwas, das es wissen sollte, wovon es aber offensichtlich keinen Schimmer hatte. "Also, Leute," sagte er, "beruhigt euch und fürchtet euch nicht. Gott holt uns auch hier raus. Tatsächlich werden wir die Ägypter nie wieder sehen. Steht einfach einen Moment still, dass Gott seiner Arbeit nachgehen kann." Du weißt, was als nächstes passiert ist. Das Rote Meer teilte sich, die Israeliten gingen durch und die Ägypter wurden ziemlich nass.

Es wäre wunderbar, wenn wir Leiter in unseren Gemeinden hätten, die sagten: "Beruhigt euch und fürchtet euch nicht. Steht fest. Seid still, dass Gott seiner Arbeit nachgehen kann." In einer schwierigen Situation ruhig und still zu sein hilft, Frieden und Mut zu finden. Mut ist die Fähigkeit und Kraft, fest zu stehen. Mut fällt dir nicht in kopfloser Panik zu. Zuerst musst du still sein. Nur so kannst du fest stehen.

Wenn du heute raue See durchsegeln musst, wisse, dass Gott mit dir segeln will. Aber es ist schwer für Gott, an Bord zu kommen, wenn du an ihm vorbei segelst. Du kannst jetzt die Segel streichen und ihn rein lassen. Nimm einfach die Zeit, halt inne und sei still.
Und wenn du denkst, er sei ein guter Passagier, warte bis du siehst, wie gut er steuern kann.

"Da sprach Mose zum Volk: Fürchtet euch nicht, steht fest und seht zu, was für ein Heil der HERR heute an euch tun wird. Denn wie ihr die Ägypter heute seht, werdet ihr sie niemals wiedersehen. Der HERR wird für euch streiten, und ihr werdet stille sein."

2. Moses 14.13-14

Tag 30

Selbst in dunkelster Nacht ... weiß ich, dass der Morgen kommt.

Eine weitere Nacht in einem fremden Hotelzimmer in einer Stadt weit entfernt von zu Hause. Seit Wochen war ich unterwegs und irgendwie sahen alle Orte jetzt gleich aus. Das passiert, wenn man viel unterwegs ist. Manchmal weiß ich nicht mehr wo ich war oder wo ich als nächstes hingehe. Wenn ich ankomme, tu ich einfach was dran ist. Dann geht es für die Nacht zurück ins Hotelzimmer. Und eines muss ich sagen, die Nächte sind hart.

Vielleicht geht es dir wie mir, einschlafen ist nicht leicht. Wenn viele Probleme oder Verwirrendes da ist, versuche ich erst gar nicht zu schlafen. Dann geh ich zum Fenster und schau mir die Lichter der Stadt an, in der ich gerade bin ... und warte auf den Morgen.

Ich weiß dass, egal was passiert, der Morgen kommt. Manchmal ist das alles was ich habe.

Vielleicht ist das das Einzige, an dem du dich festhalten kannst. Wir gehen alle durch dunkle Phasen im Leben. Das Problem ist, dass man, wenn man mitten drin steckt, den Weg heraus nicht sieht. Dann kann man sich so etwas wie Tageslicht nicht vorstellen. Aber die Wahrheit ist, dass du, ebenso wie es dunkle Nächte im Leben gibt, auf helle Sonnentage hoffen kannst. Du musst einfach durchhalten und darauf warten.

Als sich die Meute um die Ehebrecherin versammelte, war es ein finsterer Moment für sie. Sie würde entweder getötet oder ziemlich verunstaltet werden, von allen abgelehnt. Aber plötzlich wurde es licht. Jesus rettete sie und vergab ihr. Für die Ehebrecherin hatte ein neuer, strahlender Tag begonnen.

Jesus sagt: "Ich bin das Licht der Welt. Wer immer mir nachfolgt, wird nicht im Dunkeln sein, sondern das Licht des Lebens haben." Auf dieses Tageslicht warten wir.

Wenn das nächste Mal die Einsamkeit der Nacht kommt oder die Meute dich zu steinigen will, denk daran: egal wie dunkel die Nacht ist, der Morgen wird kommen. Er kommt immer. Wenn du an das Licht der Welt denkst, musst du nicht lange warten.

Irgendwo geht gerade die Sonne auf dem Planeten Erde auf. Wenn es heute bei dir dunkel ist, die Finsternis dein Herz umfasst hat, lass die aufgehende Sonne dich an das auferstandene Licht der Welt erinnern.

"In ihm war das Leben, und das Leben war das Licht der Menschen."
Joh. 1.4

Tag 31

Gott kennt meine Geheimnisse ... was versuche ich ihm also weis zu machen?

Geheimnisse zerstören das Leben vieler Menschen. Das habe ich eben so beobachtet wie du. Es sind gewöhnliche Menschen wie du und ich. Befreundete Christen, Pastoren, berühmte Personen und Einsame. Manche haben auf Grund ihrer Geheimnisse alles verloren. Von Scham getrieben vertuschen sie und sind gleichzeitig die Menschen, die schockiert reagieren, wenn sie Gerede über andere hören.

Es ist eine zähe Sache, Geheimnisse verborgen zu halten und sie versklaven einen, weil es so viel Zeit und Energie frisst, sie zu verhüllen. Und wenn man ihr Sklave ist, kann man sie nicht mehr verbergen. 24 Stunden täglich dient man den Geheimnissen und sie beherrschen einen. Es ist es ein armseliges Dasein und unmöglich, mehr als einen Herrn zu haben.

Also, welchem Herrn dienst du mit deinen Geheimnissen?

Wie sieht das Leben aus, wenn ein Geheimnis aufgeflogen ist? Wenn es bekannt geworden ist, hast du noch mehr Probleme. Wenn du mit einem Geheimnis in Verbindung gebracht wirst, werden sich die Leute daran erinnern. Ich weiß, dass das ein sensibler Punkt ist. Aber versteh die Dynamik hier: Egal, was ein Mensch zuvor geleistet hat, woran denkst du, wenn du die Namen von Ex-Sportlern oder Ex-Kanzlern hörst? Sie werden immer bekannt sein - und oft wegen ihrer aufgeflogenen Geheimnisse.

Es ist natürlich leicht, in Bezug auf Personen des öffentlichen Lebens dies zu sagen, aber die Wahrheit ist, dass wir alle Geheimnisse haben. Auch du. Sie mögen aus deiner Vergangenheit stammen oder du magst jetzt in etwas drin stecken. Egal wo du stehst, es gibt eine einfache Tatsache zu bedenken: Gott kennt all deine Geheimnisse. Glaube mir, er weiß mehr über sie als du selbst. Und er weiß, wie er dich aus ihrer Sklavenherrschaft befreien kann. Er will nicht, dass du unter dieser Wolke lebst und er weiß, wie du raus kommst.

Wem sollst du deine Geheimnisse sagen? Sag sie dem, der sie sowieso schon kennt. Dem, der weise und liebend genug ist, dass du sie nicht mehr verstecken, dass du dich nicht mehr vor ihnen verstecken musst.

Lass Geheimnisse nicht dein Leben kontrollieren. Fang an, indem du sie Gott mitteilst. Du kannst jeden täuschen außer ihn, und er wird dich nie enttäuschen. Solltest du anders denken, täuschst du dich.

"Denn unsre Missetaten stellst du vor dich, unsre unerkannte Sünde ins Licht vor deinem Angesicht."

Psalm 90.8